LA BATAILLE DE FONTENOY, POËME.

Quoy, du siecle passé le fameux satirique
Aura pris dans ses mains la trompette héroïque,
Aura chanté du Rhin les bords ensanglantés,
Ses défenseurs mourans, ses flots épouvantés,
Son Dieu même en fureur effrayé du passage,
Cedant à nos ayeux son onde & son rivage ?
Et vous, quand votre Roy dans nos Plaines de sang,
Voit la mort devant lui voler de rang en rang;
Tandis que de Tournay foudroyant les murailles,
Il suspend les assauts pour courir aux Batailles,
Quand des bras de l'himen s'avançant au trépas,
Son Fils, son digne Fils suit de si près ses pas;
Vous, heureux par sés loix, & grands par sa vaillance,
Français, vous garderiez un indigne silence ?

   Aux Champs de Fontenoy, volez, accourez tous;
Voyez ce fier Saxon qu'on croit né parmi vous,
Maurice qui touchant à l'infernale rive,
Rappelle pour son Roi son ame fugitive,
Et qui demande à Mars, dont il a la valeur,
De vivre encore un jour & de mourir vainqueur.

A

Conservez, justes cieux, ses hautes destinées;
Pour LOUIS & pour nous prolongez ses années.

Déja de la tranchée Harcourt est accouru,
Tout poste est assigné, tout danger est prévu;
Noailles pour son Roi plein d'un amour fidele,
Voit la France en son Maître & ne regarde qu'elle.
Le sang de tant de Rois, ce sang du grand Condé,
D'Eu, (1.) par qui des Français le Tonnere est guidé,
(2) Pentievre, dont le zèle a devancé son âge,
Qui déja vers le Mein signala son courage,
Baviere avec de Pons, Bouflers & Luxembourg,
Vont, chacun à leur place, attendre ce grand jour;
Chacun porte la joye aux Guerriers qu'il commande,
(3) Le fortuné Danoy, Chabannes, Galerande,
Le vaillant Berenger, ce défenseur du Rhin,
Duchailat & Croissy, tous nos Héros enfin, (a)
Dans l'horreur de la nuit, dans celle du silence,
Demandent que l'aurore & le péril commence.
Le brave Cumberland, fier d'attaquer LOUIS,
Fait paroître déja ses bataillons hardis:
L'Escaut, les Ennemis, les remparts de la Ville,
Tout présente la mort, & LOUIS est tranquille.

Le signal est donné par cent bouches d'airain:
D'un pas rapide & ferme, & d'un front inhumain,
S'avance vers nos rangs la profonde colomne
Que la terreur devance, & la flâme environne,
Tel qu'un nuage épais qui sur l'aîle des vents,
Porte l'éclair, la foudre, & la mort dans ses flancs.
Les voilà ces rivaux du grand nom de mon Maître,

(1) Grand Maître de l'Artillerie.
(2) A l'âge de 14 ans il s'étoit signalé à la Bataille de Detingue.
(3) M. Danoy fut retiré par sa mere d'une foule de morts & de mourans sur le champ de Bataille de Malplaquet.

(a) On n'a pû nommer les autres Lieutenans Generaux dont les noms sont celebrés ailleurs, ou dont on a reçu la liste trop tard. Il en est ainsi des autres Officiers qui se sont signalés, & qui ont été blessés. On apprend dans le moment, que dix-neuf Officiers aux Gardes; vingt-huit Officiers du Regiment du Roi; trente-sept de la Couronne; autant dans le Regiment des Vaisseaux, &c. ont été blessés ou tués. D'ailleurs, si on avoit pû rendre justice à tous ceux qui le méritent, il eût fallu louer tous les Officiers de l'Armée, & mettre un an à composer un ouvrage qu'il a fallu faire en moins de deux jours.

Plus farouches que nous, & moins vaillans peut-être, (1) (1) *Peut-*
Fiers de tant de lauriers moiſſonnés autrefois ; *être* avant
BOURBONS ! voici le tems de venger les Valois. l'action,
 ſans doute
 après.

 La mort de tous côtés, la mort inſatiable
Frappe à coups redoublés une foule innombrable ;
Chefs, Officiers, Soldats, l'un ſur l'autre entaſſés,
Sous le fer expirans, par le plomb renverſés,
Pouſſent les derniers cris en demandant vengeance.
Grammont que ſignaloit ſa noble impatience,
Grammont dans l'Eliſée emporte la douleur
D'ignorer en tombant ſi ſon Maître eſt vainqueur.
De quoi lui ſervira ce Sceptre (2) de la gloire,
Ce Sceptre des Guerriers, honneur de ſa mémoire ?
Rangs, titres, dignités dont on eſt ſi jaloux,
La mort dans nos tombaux vous dévore avec nous.
Tu meurs, jeune Craon. (3) Que le Ciel moins ſévere
Veille ſur les deſtins de ton généreux frere !
L'intrepide Luttaux (4), de nos Français l'honneur ;
(5) Puiſegur & d'Auvray, Meziere, Saint Sauveur,
Sanglants, couverts de coups, roulent ſur la pouſſiere ;
Ardent à les venger le jeune Daubetere
Voit de ſa légion tous les Chefs indomptés,
Sous cent coups defferens tomber à ſes côtés.
Guerriers, que Chabriant avec Brancas rallie,
Vous vendez cherement une ſi belle vie.
Vous Daché (6) Longaunay quel ſera votre ſort ?
Quel art peut vous ſauver des ombres de la mort ?
Hélas ! Puis-je eſperer de vous revoir encore ?

 Grand Dieu, que de beaux jours finis à leur aurore !
Que nos lauriers ſanglans doivent couter de pleurs !
Ils tombent ces Héros, ils tombent ces vengeurs,
Ils meurent ; & nos jours ſont heureux & tranquilles.
La molle volupté, le luxe de nos Villes,

(2) Le Roi lui envoya le Baton de Mareſchal de France, mais il étoit expirant.

(3) Dix-neuf Officiers de ſon Regiment ont été tués ou bleſſés. Son frere le Prince de Bauvau, ſert en Italie

(4) Lieutant Géneral.

(5) Officiers de l'Etat Major. M. de S. Georgeauſſi bleſſé.

(6) M. Daché (on l'écrit Dapchier) Lieutenant Général. M. de Longaunay Colonel de Carabiniers Aide-Major General. Il eſt mort depuis.

Filent ces jours ferains, ces jours que nous devons
Au fang de ces Guerriers, aux périls des Bourbons.
Couvrons du moins de fleurs ces tombes glorieufes,
Arrachons à l'oubli ces ombres vertueufes ;
(1) Vous qui lanciez la foudre, & qu'ont frappé fes coups,
Revivez dans nos chants quand vous mourez pour nous.

O ciel ! pour Cumberland le Dieu Mars fe déclare !
Le Roi voit le danger, le brave & le repare.
Son fils, fon feul efpoir : Ah ! cher Prince, arrêtez,
Où portez-vous ainfi vos pas precipités.
Confervez cette vie au monde néceffaire.
Le Roi craint pour fon fils, le fils craint pour fon pere ;
Nos Guerriers tous fanglans fremiffent pour tous deux,
Seul mouvement d'effroy dans ces cœurs genereux.

D'un (2) rempart de gazon, foible & prompte barriere,
Que l'art oppofe à peine à la fureur guerriere,
Lavauguion & Crequi d'un indomptable effort,
Arrêtent une armée, & repouffent la mort.
(3) Vous, qui gardez mon Roi, vous, qui vangez la France,
Vous, peuple de Héros dont la foule s'avance ;
Le voici, ce moment de fixer les deftins ;
LOUIS, fon Fils, l'Etat, l'Europe eft en vos mains :
Maifon du Roi ! marchez, affurez la victoire,
Soubife & Pequigny vous menent à la gloire ;
Renverfez ces Anglais, écrafez fous vos coups
Ces combatans fi fiers & fi dignes de vous.
Richelieu, qu'en tous lieux, emporte fon courage,
Ardent, mais éclairé, vif à la fois & fage,
Favori de l'Amour, de Minerve & de Mars,
Richelieu vous appelle, il n'eft plus de hazards ;
Il vous appelle : Il voit d'un œil prudent & ferme
Des fuccès ennemis, & la caufe & le terme ;
Il vole, & fa vertu fecondant vos grands cœurs,
Il vous marque la place où vous ferez vainqueurs. (4)

(1) M. Du Brocard, Lieutenant Général d'artillerie.

(2) Les Rédoutes.

(3) Les Gardes, les Gendarmes Chevaux-Légers, Moufquetaires, les Grenadiers à cheval commandés par M. le Chevalier de Grille, & les Carabiniers cités avec éloge dans la lettre du Roi.

(4) Un Miniftre d'Etat, qui n'a point quitté le Roi pendant la bataille, a écrit ces

Ce valeureux (1) Danois que le Dieu des allarmes
Envoya dans la France au secours de nos armes,
Admire les Français que sa valeur conduit :
L'épouvante, la mort, la victoire le suit.
Dargenson qu'enflammoient les regards de son pere,
La gloire de l'Etat, à tous les siens si chere,
Le danger de son Roy, le sang de ses ayeux,
Attaque par trois fois ce corps audacieux,
Cette masse de feu, ces colomnes terribles,
Ces épais bataillons qui sembloient invincibles;
Il penettre, il s'enfonce à travers mille morts,
Et qui n'imiteroit de si nobles efforts?
(2) Ce brillant Escadron, fameux par cent batailles;
Lui, par qui Catinat fut vainqueur à Marsailles,
Ajoûte en ce moment à l'éclat de son nom;
Est-ce toi que je vois, jeune Castelmoron? (3)
Toy, qui touches encore à l'âge de l'enfance,
Toy, qui d'un foible bras qu'affermit ta vaillance,
Reprends ces étendards dechirés & sanglans,
Que l'orgueilleux Anglais emportoit dans ses rangs :
C'est dans ces rangs affreux que Chevrier expire;
Monaco perd son sang, & l'amour en soupire.
De ce grand Duguesclin le digne descendant
Est percé de deux traits, & tombe en triomphant.

Chevreuse à cette attaque horible & meurtriere,
Fait voler cette troupe & si prompte & si fiere,
Qui tantôt de pied ferme, & tantôt en courant, (4)
Donne de deux combats le spectacle effrayant;
C'est ainsi que l'on voit dans les Champs des Numides,
Differemment armés des chasseurs intrepides;
Les coursiers écumans, franchissent les guerets;
On gravit sur les monts, on borde les forests,
L'un attend, l'autre vole, & de sang sont trempées
Les fleches, les épieux, les lances, les épées;

propres mots C'est M. de Richelieu qui a donné ce conseil, & qui l'a executé.

(1) M. de Loevendal.

(2) La Gendarmerie.

(3) Un cheval fougueux avoit emporté le Porte-Etendart dans la colonne Angloise. C'est là que M. de Chimene a rallié sa Troupe.

(4) Les Dragons.

Et les lions fanglans percés de coups divers,
D'affreux rugiffemens font retentir les airs.

Mais quel brillant Héros, au milieu du carnage,
Renversé, relevé, s'est ouvert un paffage?
Biron (1), tels on voyoit dans les plaines d'Ivry,
Tes immortels Ayeux fuivre le Grand Henry.
Tel étoit ce Crillon, chargé d'honneurs fuprêmes,
Nommé brave autrefois par les braves eux-mêmes,
Tels étoient ces d'Aumonts, ces grands Montmorencis,
Qui tous, dans Fontenoy, reconnoiffent leurs fils. (2)
Tel fe forma Turenne au grand art de la guerre,
Sous un autre (3) Saxon la terreur de la terre,
Quand la Juftice & Mars, fous un autre Louis,
Frappoient l'Aigle d'Autriche & relevoient les Lys.

Comment ces Courtifans, doux, enjoués, aimables,
Sont-ils dans les combats des Lions indomptables?
Quel mélange étonnant de graces, de valeur!
Bouflers, Meuze, D'Ayen (4), Doras bouillant d'ardeur,
A la voix de LOUIS, courez, troupe intrépide.
Que les Français font grands quand leur Maître les guide!
Ils l'aiment, ils vaincront. L'Anglais eft abattu,
Et la (5) férocité le céde à la vertu.
Clare avec l'Irlandois, qu'animent nos exemples,
Venge fes Rois trahis, fa Patrie & fes Temples.
Peuple fage & fidele, heureux Helvetiens,
Nos antiques amis, & nos concitoyens,
Aux manes de Dillon votre main facrifie
Par le feu, par le fer une foule ennemie,
Tout tombe devant nous, tout fuit fous notre effort,
Et l'Anglais, à la fin, craint LOUIS & la Mort.

Allez, brave d'Eftrée, achevez cet ouvrage,
Pourfuivez ces vaincus échapés au carnage;
Que du Roi qu'ils bravoient ils implorent l'appui;
Ils feront fiers encore, ils n'ont cedé qu'à lui.

---

(1) Quatre Chevaux tués fous lui.

(2) M. de Luxembourg & M. de Logni.

(3) Le Duc de Saxe Weimar, fous qui le Vicomte de Turenne fit fes premieres Campagnes. M. de Turenne eft arriere-neveu de ce grand homme.

(4) Les 2 freres, Meffieurs Daïen & de Noailles.

(5) Ce reproche de férocité ne tombe que fur le foldat, & non fur les Officiers, qui font auffi généreux que les nôtres.

Ils verront mon Héros ; ils le verront reprendre
Ces (1) murs que Malborough mit autrefois en cendre,
Ces premiers fondemens de l'Empire des Lys,
Sous ses puissantes mains désormais affermis.

    Peuples, ne pensez point que ce jour de victoire
Soit assez pour LOUIS, & suffise à sa gloire ;
C'est peu que le front calme, & la mort dans les mains,
Il ait lancé la foudre avec des yeux serains ;
C'est peu d'être vainqueur, il est modeste & tendre,
Il honore de pleurs le sang qu'il fit répandre ;
Entouré des Héros qui suivirent ses pas,
Il prodigue l'éloge, & ne le reçoit pas ;
Il veille sur des jours hazardés pour lui plaire :
Le Monarque est un homme, & le Vainqueur un pere ;
Il daigne consoler jusqu'à ses ennemis.
Ah ! quels cœurs désormais ne lui seront soumis ?
Il va regler l'Europe, il va calmer l'Empire.

    Grand Roi ! Vienne se tait, Londres pleure & t'admire ;
La Baviere confuse au bruit de tes exploits,
Gémit d'avoir quitté le protecteur des Rois ;
Naples est dans la joye, & Turin dans les larmes ;
Tous les Rois de ton sang triomphent par tes armes,
Et de l'Elbe à la Seine en tous lieux on entend :
LE PLUS CHERI DES ROIS EST AUSSI LE PLUS GRAND.

F I N.

Sur la Copie à Paris, Avec Approbation & Permission.

(1) Tournay principale Ville des Français sous la premiere race, prise en 1709. par le Duc de Malboroug

A NOYON, De l'Imprimerie de P. ROCHER. 1745.

LE VOYAGE
DE LA
FRANCE
A
S. GERMAIN,

AVEC SES PLAINTES
à la Reine, contre le Cardinal Mazarin. Et ses prieres pour la Paix, & le retour de leurs Majestez à Paris.

Par L.B.E.S.D.G.M.O.D.R.

A PARIS,

M.DC.XLIX.

LE VOYAGE DE LA FRANCE

à Sainct Germain, Auec ses plaintes à la Reyne, contre le Cardinal Mazarin. Et ses prieres pour la Paix, & le retour de leurs Majestez à Paris.

N'ESPERE pas Muse profane,
Que pour auoir l'oreille D'ANNE,
Ie reclame icy ton secours;
La iustice de ma querelle,
Fait que toute seule i'y cours,
Pour plaider seule aussi ma cause deuant elle.
 C'estoit vne Dame esplorée,
De douleur iusqu'au cœur outrée,
Que ie rencontray au chemin,
Qui va de cette grande Ville,
Droit à celle de Sainct Germain,
Qui ruminoit ces Vers, marchant d'vn pas habile.
 Ses cheueux espars sur sa face,
N'empeschoient point d'en voir la grace;
Non plus que son graue maintien;
Elle n'auoit pour équipage,
Qu'vn baston blanc pour son soustien,
Et point d'autre attirail, nul Laquais, point de Page.
 D'abord que ie l'eus attrapée,
Ie l'estonnay de mon espée,
Et me fit signe que le fer
Estoit son plus grand aduersaire;
Et si-tost laissa estouffer,
Ce que mesmes aux vens elle ne pouuoit taire.

Ie connus grande inquietude,
Grande haine à la seruitude,
Vn cœur vaillant & genereux;
Mais vne grand' douceur de fille,
Et son entretien gracieux
M'apprit qu'elle cherchoit à se rendre tranquille.
 Que pour cet effet à la REYNE
Elle alloit raconter sa peine:
Cecy me rendit plus dispos;
Ie l'accompagne, & arriuée,
A la REYNE tinst ce propos,
Dont la suitte est icy, nullement controuuée.
 Voyez, soulcilleuse PRINCESSE,
Comme seule à vous ie m'addresse,
Pour vous faire entendre les cris,
Que font les Peuples & les PRINCES,
Non seulement dedans Paris,
Mais generalement dans toutes les Prouinces.
 Vous seriez par trop endurcie,
Si cette parole transie
Ne vous attendrissoit le cœur;
Elle s'estend iusques aux Poles,
Tous les Estats en ont horreur;
Prestez luy donc l'oreille, & non pas les espaules.
 Dedans vos vrgentes affaires,
Les repugnances populaires
Ont irrité vostre courroux;
Mais c'est l'effet de la misere,
D'vn Peuple, qu'on succe tousiours,
Et qui n'a plus dequoy vous pouuoir satisfaire.
 On ne vid iamais de supplice
Estably sinon pour le vice,
Comme le prix pour la vertu:
On ne void non plus l'impuissance
Dans l'esprit sous elle abbatu
Receuoir autre non que celuy d'Innocence.

Et

Et pourtant, ô puissante REYNE!
Les Innocens sont à la chaine,
Sans l'vsage de liberté,
Hors celuy, qu'ils ont de nature,
Qui ne peut pas leur estre osté,
Sans faire à son Autheur vne trop grande injure.
　Ce sont les effets d'vne haine,
Non pas de ROY, non pas de REYNE,
Mais d'vn mal-heureux Estranger,
Vn Traistre, vn perfide Ministre,
Qui pour vostre Estat rauager,
Sous ce Titre, jamais ne fut que trop sinistre.
　Oüy, MADAME, c'est vn Traistre,
Qui veut vn jour se rendre Maistre
De tout ce florissant Estat;
Et n'y aura point d'artifice.
Qu'il n'engage à cét attentat,
Sous pretexte toûjours de vous rendre seruice.
　Pour soûtenir ses entreprises,
Par luy les Finances sont prises;
Il enleue la nuict des Roys
Nostre ROY de sa grande Ville,
Qui fut toûjours de nos bons Roys
Le plus present secours, & le plus fort azyle.
　Et poussant plus auant l'ouurage,
Il veut faire sentir sa rage
A ces Nobles Parisiens,
Il les veut auoir par famine,
Comme si les Siciliens
Estoient plus riches qu'eux, en bleds ou en farine.
　Car déja les Troupes venuës
Des Estrangeres avenuës,
Où elles estoient pour le Roy,
Et tout ce qu'il a dans ses Gardes,
Viennent tout mettre en desarroy;
Et on ne void plus rien, que ces Troupes pillardes.

B

On saisit les Bourgs & Villages,
On bousche aussi-tost les Passages;
On veut donner vn frein à l'Eau,
Pour empescher que la Riuiere
Porte à Paris aucun Batteau,
Et ne luy rende plus son secours ordinaire.
 Paris surpris, ferme ses portes,
On se deffend de ces Cohortes:
Et pour soulager des milliers
D'vn Peuple qui craint la famine,
On trouue d'Illustres Guerriers,
Qui repoussent l'effort des Troupes Mazarines.
 Le veritable Sang de France
Prend le party de l'Innocence,
Conty, Longueville, Beaufort,
Auec eux Elbeuf & la Motte,
Et d'autres qui par leur effort,
Ont fait aux grands Conuois iusqu'à Paris escorte.
 Puis Dieu qui les Innocens vange,
Du costé de Paris se range;
Il permet vn deluge d'eaux;
Qui ayans emporté les Digues,
Laisse le passage aux Batteaux,
En vins, bleds, bois, & foins, plusque jamais prodigues.
 Ainsi vous voyez, Grande REYNE,
Que toute la plus grande peine,
Que le peuple peut ressentir,
N'est pas la disette de viure,
Mais d'auoir sceu le ROY partir,
De nuict, & enleué, & ne l'auoir pû suiure.
 De ce bon PRINCE on plaint l'Enfance,
On se plaint que vostre presence
Ait esté à l'Enleuement;
Cela faisant aux Peuples croire,
Que vous prestiez consentement
Au rapt de ce voleur perfide & sanguinaire.

Cecy ternira voſtre gloire,
Il alentira la memoire,
De voſtre haute Pieté;
Et puis ſçachant, que cét Infame
Eſt ennemy de Chaſteté,
La voſtre auroit bien peine à s'exempter du blâme.

Quoy qu'on n'ait point de méfiance
De voſtre chaſte conſcience,
Parfois pourtant certains Eſprits
Se forment diuerſes penſées,
Dont toûjours ils reſtent épris,
Iuſqu'à ce qu'ils en voyent l'apparence effacée.

C'eſt ce beau Cardinal de Rome,
(Fuſt-il bon Docteur de Sorbone)
Qui vous expoſe à cét affront;
Quoy qu'on n'ait pas cette creance;
Et puis tout l'Eſtat ſçait au fond,
Qu'en cela vous n'auez que trop de Conſcience.

Les autres Princes par maxime,
Prés de luy fomentent ſon Crime,
Et ſous vn tiltre ſpecieux,
Preſtans la main à ſon caprice,
Ils le font plus ambitieux,
Et moins capable encor' d'écouter la Iuſtice.

Et cependant ce Grand Miniſtre,
Qui fut jadis vn petit Cuiſtre,
Se voyant ainſi maintenu,
Gaſte plus l'Eſtat par ces Peſtes,
Que dix Roys qui l'ont ſouſtenu,
N'ont pû faire de bien par toutes leurs Conqueſtes.

Dehors, il fomente les Guerres;
Dedans, nos Villes, & nos Terres
Par luy ſont en confuſion:
Il vous charme; Il endort vos Princes;
Et donne à ſon ambition
Le ſang de vos Subjets de Paris, des Prouinces.

B ij

On void les Villes defolées,
Tant de belles Maifons pillées,
Tout le Commerce renuerfé;
Le fang d'vn Frere par vn Frere,
D'vn Pere, par le Fils verfé.
Voila ce que produit ce braue Miniftere.
 Les embrazemens des Villages,
Les Viols, Blafphémes, Carnages,
Les Vols aux Villes comme aux Champs;
Toutes vos Finances taries,
Sont de ce Miniftre méchant
L'effet qu'ont fuggeré fes hautes barbaries.
 Les vrais Tuteurs de la Iuftice
Ont efprouué fes artifices:
Et perfonne, hors les Maltoutiers,
Ne peut dire que l'Eminence
N'ait de fon bien plus des deux tiers,
S'il n'a pû fur fon fang exercer fa vengeance.
 Mais bien plus! Car fon impudence
A monté jufqu'au fang de France,
Voulant étouffer de nos Roys
Ces Surgeons, par tout tant Illuftres:
Et pour mieux établir fes loix,
Ofter tout ce qui fait de l'ombrage à fon luftre.
 Ces Arcs-boutans de la Couronne,
Qui font prés de voftre Perfonne,
Dont quelques-vns contre l'Eftat,
Fomentent toutes fes malices,
Pourront fentir fon attentat,
Et vn jour éprouuer fur eux fes artifices.
 Cela eft peu à fon courage,
Il veut qu'on reffente fa rage
Iufqu'aux Lieux confacrez à DIEV,
Les Filles y font violées,
Sans refpect du Voile & du lieu,
Et pour fa paffion la plufpart enleuées.

Et

Et ce qui fait horreur à dire,
Sans crainte de prouoquer l'ire
Du Pere commun des Mortels;
On met sous les pieds les Reliques,
De la dépoüille des Autels,
On a veu reuestir de sales Impudiques.

Mais on void que ces detestables
De nos Temples font leurs Estables;
On void par vne impieté,
Qui passe la diabolique,
Mettre aux pieds la Diuinité,
Sans craindre de là haut vn chastiment tragique.

L'Histoire vn iour en fera lire,
Plus qu'à present ie n'en peux dire;
Ny ceux là n'en diront assez,
Qui restent encor sur la terre;
Ny ceux qui desia trespassez
Criminels aux Enfers, sont depuis cette Guerre.

Helas pitoyable REGENCE!
Qu'vne effrenée licence,
S'attaque à la Diuinité:
Apres cela que peut-on plaindre?
Le vol, viol, feu, pauureté,
Famine, Peste & Mort, seront tousiours à craindre.

Hé! qui n'aura encores crainte,
Que ce Tyran sous quelque feinte
Ne fasse esloigner nostre ROY;
Et que lors nous voyans sans Pere,
Il fasse vne nouuelle Loy,
Cruelle à ses Subjets, & honteuse à sa Mere?

Pourquoy cette enorme despence,
Pourquoy nos Iustes hors de France,
Par ce Larron de Cardinal;
Deuons nous pas craindre, MADAME,
Qu'il traicte ainsi l'Original
Pour paruenir au but qu'il propose en son ame?

C

Hé! pourquoy tant de Tyrannie?
A quoy bon cette felonnie?
Du moins vn deſſein ſi profond
Tend à mettre l'Eſtat en pieces,
Afin d'en attraper le fond,
Et faire à vos Enfans des Femmes de ſes Niepces,
 Et quand DIEV qui deffend la France
Reprimera cette arrogance:
Touſiours ces exploits belliqueux
Auront fait vn petit Monarque,
Qu'on nommera le ROY des Gueux,
Aiſé à l'Eſtranger d'enleuer de ſa Barque.
 Voyla ce que voſtre REGENCE,
Aura ſouffert de l'Eminence:
Voyla les merueilleux ſecours
Que vous aurez de ſon ſeruice,
D'auoir perdu en peu de jours
Vn Eſtat floriſſant pour ſuiure ſon caprice.
 DIEV deſtourne cette tempeſte
De noſtre Eſtat; de voſtre teſte,
Il y a deſia trop de temps,
Que nous ſuiuons la Monarchie:
Nous ſerons touſiours bien contens,
De ne point éprouuer l'Eſtat d'Oligarchie.
 DIEV nous preſerue de l'iniure,
Que dedans cette conjoncture,
Nous feroit ce Sicilien:
Ce vray Diable de Nature,
Où tout au moins Magicien,
Faiſant pis qu'vn Demon ſous voſtre couuerture.
 Le plus grand malheur de l'affaire,
Eſt que l'on veut touſiours vous taire
Le mal, qu'on fait ſous voſtre nom:
Les flatteurs vous perdent, MADAME,
Il mettent bas voſtre renom,
Et DIEV ſçait, ſi ce mal n'ira point iuſqu'à l'ame.

I'y suis par trop intereſſée,
Pour vous y laiſſer enlacée,
En déguiſant la verité;
Moy qui ſçait que voſtre clemence,
D'vne ſimple temerité,
N'euſt jamais exigé ſi rude penitence.

Vous ne voyez pas tous les glaiues
Qui font les Orphelins & Vefves;
Qui rempliſſent nos Hoſpitaux,
D'où tant des plaintes ſans pareilles,
Reſſonnent juſqu'à vos portaux,
Et n'ont encore pû atteindre vos oreilles.

Ouurez-les, & plus exorable,
Oyez qu'on dit aille au Diable,
Au Diable, le Cardinal!
Puis qu'il n'eſt venu dans la France
Que pour y faire tant de mal,
Et ternir pour jamais l'éclat de la Regence.

Sont les vœux qu'vne Populace,
Peut faire dans telle diſgrace,
En plaignant ſon affliction;
Et chercher en ce qui luy reſte,
Vn peu de ſatisfaction,
Souhaitant loin l'Auteur d'vn mal-heur ſi funeſte.

Il eſt vray que jamais de Rome
Ne vint vn plus mal-heureux homme;
Pour vous, MADAME, ayez égard,
Que dans ce cruel Miniſtere,
Vous n'ayez pas la moindre part;
Car on feroit pour vous vne meſme priere.

Pour preuenir cette diſgrace,
Accordez à la Populace,
Mais accordez à tout l'Eſtat,
Vne PAIX tellement certaine,
Qu'on ne craigne point de reſtat,
Qui laiſſe en quelques cœurs contre vous de la haine.

Commencez, s'il vous plaist, MADAME,
Par chasser de vous cét Infame,
Et que jamais dedans l Estat
On en ait la moindre memoire,
Qu'il aille à son Cardinalat,
Donner sujet pour luy d'vne meilleure Histoire.
   Suyuez l'avis de tant de Sages,
Qui ressentoient bien ces presages,
Quand ils ont ensemble aresté,
Que nul Estranger dans la France
N'auroit auec la Majesté
Aux affaires d'Estat, ny voix, ny Intendance.
   S'il veut auoir vne Couronne,
Qu'il aille conquerir à Rome,
Celle-là de la Papauté,
Il aura de quoy satisfaire
A cette grande auidité,
Qui de tous les Estats la rendu aduersaire.
   Toutes fois, Non. Que ce bon homme
Ne soit point fait Pape de Rome,
Ses Ministeres interdicts,
Pourroient de nous tirer vengeance,
En nous fermant le Paradis,
Du moins n'aurions nous iamais plus d'Indulgence.
   Qu'il soit où vous voudrez, MADAME,
Pourueu qu il se rencontre vne Ame
Hors de la resolution,
De le traitter comme il merite;
Ie n'en seray pas caution,
Car tous le voudroient voir cõme vn autre Hippolyte.
   Que s'il trouue vn lieu d'asseurance,
Qu'il abandonne la REGENCE,
Qu'il nous laisse en Paix desormais
Il n'y deuroit pas auoir peine,
On sçait qu'il ne l'ayma iamais
Et toûjours témoigna luy porter de la haine.

                     Que

Que Condé, son grand Tutelaire,
Son Protecteur si salutaire,
L'enferme dans son Chasteau-Roux,
Dans Mourre, ou dans la Tour de Bourge,
Là il fuïra le courroux
Des Peuples animez, si jamais il n'en boûge.
 Mais sur tout qu'il rende à la France,
Ce qu'il a volé de Finance,
Et si par ses fortes raisons,
A quelque Royaume il aspire;
Que dans les Petites-Maisons
Il aille pour jamais établir son Empire.
 Et toûjours écoutez ces Sages,
Interessez aux avantages
Du Roy, de Vous, & de l'Estat;
Iamais plus d'Estrangers en France,
Pour y tailler du Potentat,
Et plonger vos Subjets dans la mer de souffrance.
 Ce sont ces Senateurs Augustes,
A qui ne faut point tant de Iustes,
Les vrais Protecteurs de nos Rois,
Qui pour gloire de leur seruice,
N'ont que la pratique des Loix,
Et rendre à vn chacun, selon Dieu, la Iustice.
 Puis ramenez nostre MONARQVE;
Sans vous deux, cette grande Barque,
Ne croira iamais estre au port:
Elle craindra le mesme orage,
Si vous ne faites vn effort,
Pour l'asseurer qu'elle est ce coup hors du Naufrage.
 Nous voulons voir ces beaux Visages,
Que durant l'Hyuer, les nuages
Nous ont si tristement caché:
Pardonnez à cette tendresse;
C'est là vn innocent peché,
Que ne blâma jamais vne bonne Princesse.

D

La Paix qui du Ciel eſt la Fille,
Sans vous (les Dieux de cette Ville,
Les Dieux de ce puiſſant Eſtat)
Aura peine de nous paroiſtre,
Perſonne n'en fera eſtat,
Si vous ne l'amenez pour la faire connoiſtre.
 Paris, eſt vn grand Corps ſans vie,
Depuis que l'Ame en fut rauie;
Il faut, pour le reſſuſciter,
Reuenir au pluſtoſt, MADAME,
Et faire auec vous raporter
Noſtre Roy, voſtre Fils, ſon amour & ſon Ame.
 Ainſi le Prophete Eliſée,
Par la Sunamite affligée,
Requis de voir ſon Enfant mort,
Va chez elle en propre perſonne,
Où tirant de ce triſte ſort
L'Enfant priué du jour, l'Eſprit il luy redonne.
 Faites-nous vn juſte partage
De cét ENFANT, noſtre heritage,
Puiſque par vn vœu ordonné,
Qu'il pleuſt à Dieu vous faire Mere:
Apres vingt ans il l'a donné,
A nos ardens ſouhaits, à nos juſtes prieres.
 Vous ſçauez la réjoüiſſance,
Qu'on receut à cette Naiſſance;
Ce DAVPHIN fit toute la joye,
Qui deuoit diſſiper la Guerre,
Et d'vne generale PAIX,
Arborer l'Eſtendar deſſus toute la Terre.
 Paris n'a ſes portes fermées,
Que pour repouſſer les Armées,
De tous ces illuſtres Bourreaux;
Et ſi ſe deffendre eſt vn crime,
Ils ont deſia de leurs couſteaux
Noyé dedans le ſang, mainte & mainte Victime.

Mais si c'est auec innocence,
Si c'est pour conseruer la France,
Et pour fuir l'oppression,
D'vn Vsurpateur tyrannique;
Ce n'est plus lors Rebellion,
Mais de nostre vertu, vne illustre pratique.

 Nos cœurs pendant tous ces outrages,
Ne vous font pas moins leurs hommages:
Au Roy ils sont tousiours ouuerts,
A Vous, & à tous nos bons Princes,
Du sang des Ennemis couuerts,
Pour le bien de Paris, pour le bien des Prouinces.

 Venez donc dedans vostre Ville,
Nous verrons la Guerre Ciuile
Aussi tost dedans le tombeau:
Les membres de ce grand Empire
Se restabliront de nouueau,
Luy apportant la Paix, vous serez son grand Mire.

 Soyez à nos souhaits propice,
Et l'on reuerra la Iustice
Regner sous Vous plus que jamais;
La Religion eclypsée
Prendra son lustre desormais;
Et le beau temps viendra, la tempeste passée.

 Vous restablirez le Commerce;
Vous remplirez tout d'allegresse;
Vous tirerez d'oppression
L'Innocent, qui seruoit de marche
A ce Gouffre d'ambition,
Pour vsurper sur Vous la premiere démarche.

 Vous chasserez tous nos desastres:
Il semble desia que les Astres,
Nous rendent leurs plus doux aspects:
Les Elemens & la Nature,
Pour joindre auec nous leurs respects,
Tapissent les chemins d'vne gaye verdure.

L'Avril n'eut jamais tant de Roses,
Que vos Lys en verront d'éclôses,
Pour vn bon-heur si solemnel ;
Et iamais les Ames bien nées
N'adresserent à l'Eternel,
De plus ardens souhaits, que pour ces Destinées.
 O ! que vous serez glorieuse;
Que la France sera heureuse:
Le Roy & Vous, nos beaux Vainqueurs,
Trouuerez comme dans vn Louure,
Des Trônes au fond de nos cœurs,
Qu'vn amour violent en Vous attendant, ouure.
 Apres vos Peuples sous les Armes,
N'auront iamais de plus grands charmes,
Que d'aller sur les Ennemis
Porter l'Authorité Royalle,
Afin que les ayans soûmis,
Ils les fassent signer vne Paix Generalle.
 Ainsi finit la Noble Dame,
Ayant ce qu'elle auoit dans l'ame
A la PRINCESSE déchargé :
Ie connus que c'estoit la FRANCE,
Par son habit de Lys chargé,
Qu'elle auoit découuert pour auoir Audiance.
 La REINE, qu'vne douleur viue
Auoit rendu fort attentiue,
Tira du cœur quelque soûpir;
Puis dans son Cabinet l'emmene:
Et moy tout pressé de partir,
Ie vins, & comme vous, j'attens qu'elle reuienne.

FIN.

www.ingramcontent.com/pod-product-compliance
Lightning Source LLC
Chambersburg PA
CBHW070457080426
42451CB00025B/2779